AF478379

LichtVision   L-Plan Lichtplanung   studio dinnebier

Projekte aus
Projects from Berlin

jovis

Angelika Günter **Editorial**

Licht ist in der zeitgenössischen Baukunst ein wichtiges und zukunftsweisendes Gestaltungsmittel. Moderne Beleuchtungstechniken ermöglichen es, Objekte und Gebäude akzentuiert und dynamisch zugleich ins rechte Licht zu setzen, ja sogar ganze Stadträume publikumswirksam zu illuminieren. Zunehmend wird die Bedeutung innovativer Lichtplanung zur visuellen Gestaltung und Inszenierung der (gebauten) Umgebung Architekten, Bauherren und Industrie bewusst. Schon frühzeitig werden Lichtplaner in Architekturprojekte einbezogen: Mit ihrem fundierten Fachwissen über natürliches und künstliches Licht, seine technische Erzeugung und seine Wirkung auf Körper und Geist arbeiten sie interdisziplinär mit Architekten, Industriedesignern und Elektronikern zusammen, mit der Intention, die Beziehung zwischen Licht und Raum in ein stimmiges Gesamtkonzept zu bringen.

Die interdisziplinäre Ausrichtung dieses Berufs trifft sich mit der Programmatik des vor 100 Jahren gegründeten Deutschen Werkbundes. Durch das Zusammenwirken von Kunst, Handwerk und Industrie hat dieser eine fruchtbare Verbindung der gestaltenden und produzierenden Kräfte hergestellt, zur Steigerung der Qualitätsarbeit beigetragen und den Beruf des Industrial Designers mitinitiiert. In der Ausstellungs- und Publikationsreihe „Projekte für/aus Berlin" dokumentiert der Berliner Werkbund die individuelle Arbeit seiner Mitglieder und das breite Spektrum der in ihm versammelten Professionen.

In dem vorliegenden Ausstellungskatalog präsentieren die Werkbundmitglieder Jan Dinnebier, Michael F. Rohde und Carla Wilkins Lichtlösungen in unterschiedlichen Anwendungsgebieten professioneller Lichtplanung. Sie integrieren Tages- und Kunstlicht unter künstlerischen und funktionalen Aspekten in ein einheitliches Konzept, wobei genauso auf ökonomische wie auf ökologische und ergonomische Qualität geachtet wird. In ihren Lichtinszenierungen wird die Begegnung von Licht, Architektur und Kunst sinnlich erlebbar.

Dies machen auch die von den drei Lichtplanern und ihren Büros ausgewählten exemplarischen Lichtprojekte deutlich: Sie geben Einblick in die Entwurfsphase, zeigen Detaillösungen sowie Endprodukte und eröffnen unterschiedliche Wahrnehmungen und Interpretationen. Ihre Lichtkonzepte bringen nicht nur Innen- und Außenräume in Einklang, sie leisten auch einen erhellenden Beitrag zur Lebensqualität.

Light is an important, trend-setting design medium in contemporary architecture. Modern lighting technologies make it possible to place objects and buildings in the right light, accentuating and energising, or even to illuminate whole areas of a city effectively.

Architects, building clients and industry are becoming increasingly aware of the importance of innovative light planning in the visual design and staging of our (architectural) environment. Light planners are already being involved in architectural projects at an early stage: with their expert knowledge of natural and artificial light, its technical production and its impact on body and soul, they cooperate with architects, industrial designers and electricians on an interdisciplinary level. Their aim is to create a harmonious overall concept for the interrelation of light and space.

The interdisciplinary orientation of the profession matches the programme of the Deutscher Werkbund, which was founded a hundred years ago. Through interplay of art, skilled crafts and industry, this institution has created a productive link between designers and manufacturers, contributed to an increase in quality work, and helped to initiate the profession of the industrial designer. In the series of exhibition and publications "Projects for/from Berlin", the Werkbund Berlin documents the work of its individual members and their diverse range of professions.

In this exhibition catalogue, Werkbund members Jan Dinnebier, Michael F. Rohde and Carla Wilkins present lighting projects in various fields of professional light planning. Heeding artistic and functional aspects, they employ daylight and artificial light as an integral concept, paying equal attention to economic, ecological and ergonomic quality. Their staged lighting concepts afford us a sensual experience of the encounters between light, architecture and art.

It is underlined by the exemplary lighting projects chosen by the three light planners and their offices: they offer insight into the design phase, show detail solutions as well as the end products, and open up differing perceptions and interpretations. Their light concepts not only create harmony in interior and exterior spaces, but also make an illuminating contribution to the quality of life.

Heinrich Kramer **Lichtplaner**

Gemeinsam mit dem Architekten und den anderen Fachplanern schafft der Lichtplaner Innen- und Außenräume, in denen Menschen gesund leben, arbeiten und sich wohlfühlen können. Die Aufgabe des Lichtplaners ist es dabei – wie der Name schon sagt –, das natürliche und künstliche Licht zu planen. Dabei geht seine Aufgabe jedoch weit darüber hinaus, nur eine normgerechte Lichtquantität zu schaffen. Denn neben den technischen muss der Lichtplaner besonders die biologischen, architektonischen und ästhetischen Wirkungen des Lichtes auf die Menschen berücksichtigen und all diese Aspekte in eine technisch und wirtschaftlich machbare Beleuchtungsanlage umsetzen. Er arbeitet dabei nicht nur eng mit dem Architekten, sondern ebenso mit Fassaden-, Gebäude- und Haustechnikern, Landschafts- und Städteplanern, Innenarchitekten und Ergonomen zusammen.

Wissenschaftliche Untersuchungen belegen, dass für die Gesundheit und das Wohlbefinden der Menschen die richtige Qualität des Tageslichtes unabdingbar ist. Auch unter gesellschaftlichen und ökonomischen Gesichtspunkten kann Kunstlicht das Tageslicht nicht ersetzen. Dies stellt hohe Anforderungen an die Persönlichkeit und das Verantwortungsbewusstsein des Planers, insbesondere da Bauordnungen und Lichtnormen, auf die der Planer vertraglich verpflichtet wird, diese Aspekte bisher nicht berücksichtigen. Der Lichtplaner benötigt umfassende Kenntnisse auf dem Gebiet der menschlichen Wahrnehmung, der Kultur und Gesellschaft und muss selbstverständlich alles über das Licht und seine Wirkung wissen, genauso wie über die zur Umsetzung seiner Planungen nötige Technik. Weder Architekten noch die anderen am Bau beteiligten Fachplaner verfügen in ausreichendem Maße über diese Kenntnisse. Und noch ein anderer Aspekt spricht für die Beteiligung eines Lichtplaners: In fast allen G8-Staaten ist die Lichtplanung Teil der Elektroplanung und wird daher bei mehr als 90 Prozent der Projekte von Elektroingenieuren durchgeführt, die sich nur für die technische Seite zuständig fühlen. Für die Lichtgestaltung hingegen zeichnet gemäß den Honorarordnungen der Architekt verantwortlich. Damit liegen Lichttechnik und Lichtgestaltung in getrennten Verantwortungsbereichen und werden nicht ganzheitlich geplant.

Da trotz des offensichtlichen Bedarfs Lichtplaner mit vorgenannter Qualifikation noch in weniger als zehn Prozent aller Bauprojekte eingebunden werden, wurde die Elda+ gegründet, um den Berufsstand des Lichtdesigners zu etablieren und so die Qualität der Lichtprojekte anzuheben.

## Light Planners

Together with the architect and other specialist planners, the light planner creates interior and exterior spaces in which people can live and work in a pleasant and healthy atmosphere. The task of the light planner – as the name already indicates –, is to plan both natural and artificial light. However, his task goes far beyond ensuring that the quantity of light available conforms to standards. For the light planner must take into account not only the technical, but also the biological, architectonic and aesthetic effects of light, and implement all these aspects in a technically and economically feasible lighting system. During the process, he cooperates closely not only with the architect, but also with façade-, building- and site-engineers, landscape and urban planners, interior designers and ergonomics experts.
Scientific investigations have proved that the right quality of daylight is essential to a person's health and well-being. Artificial light cannot replace daylight from social or economic standpoints, either. This puts great demands on the planner's character and sense of responsibility, in particular as current building regulations and lighting standards – to which the planner is contracted – do not take such aspects into account. The light planner requires extensive knowledge in the field of human perception, culture and society. In addition, of course, he must know everything about light and its effects, and about the technology that is necessary to implement his plans. Neither architects nor other specialist planners participating in construction work have sufficient competence in this field. Another aspect also favours the involvement of a light planner: in almost all the G8 nations, light planning is part of electrical planning, meaning that in more than 90 percent of projects, it is realised by electrical engineers, who consider themselves responsible for the technical side alone. By contrast, fee structures in the field are such that the architect is usually responsible for light design. This means that light technology and light design fall into separate areas of responsibility and are rarely planned in an integral way.
Despite the obvious need for them, qualified light planners – in the sense outlined here – are only employed in less than ten percent of all building projects. The Elda+ was therefore founded to validate the profession of the light designer and so improve the quality of lighting projects.

Alison Ritter **Die Professional Lighting Designers' Association**

Die Professional Lighting Designers' Association wurde im Oktober 1994 als European Lighting Designers' Association gegründet und hat den Namen im Frühjahr 2007 geändert. Sie ist ein freiwilliger Zusammenschluss von Lichtdesigner/innen und Lichtplaner/innen auf internationaler Ebene mit dem Zweck, das Ansehen des Berufsstandes der Lichtdesigner zu heben und zu sichern. Der Lichtdesignerverband hat das Ziel, das Bewusstsein für qualitativ hochwertige Lichtplanung zu fördern.

Die Professional Lighting Designers' Association ist beteiligt an der Unterstützung, Planung und Organisation von effektiven Ausbildungsprogrammen – diese umfassen sowohl Studiengänge als auch Seminare und die inzwischen berühmten praktischen Workshops, in denen die Probleme und Herausforderungen der Lichtgestaltung dargelegt und die Fähigkeiten und das Potential des Lichtdesigners unterstrichen werden.

Über die Jahre hat die Professional Lighting Designers' Association ein anerkanntes Konferenzprogramm zum Thema Lichtdesign und Architekturbeleuchtung entwickelt – „Light Focus". Die Konferenzen finden in Frankfurt am Main, Mailand und Dubai anlässlich der jeweiligen Messen statt. Die jetzt über 500 Mitglieder aus 50 verschiedenen Ländern treffen sich in der Regel zweimal im Jahr. Verschiedene Arbeitsgruppen beschäftigen sich mit Themen wie Ausbildung, Internationaler Entwicklung, Berufsethik und lichttechnischen Neuheiten.

Um den Verband und den Beruf bekannt zu machen, ist die Professional Lighting Designers' Association eine Partnerschaft mit der internationalen Fachzeitschrift *Professional Lighting Designers'*, *PLD*, die vom VIA-Verlag herausgegeben wird, eingegangen. Die *PLD* wird als Publikation für Architekturbeleuchtung von Stadtplanern, Bauherren, Architekten, Lichtdesignern, Herstellern, Händlern und Studenten geschätzt. *PLD* erfasst zukunftsweisende Trends und Entwicklungen im Bereich des internationalen Lichtdesigns und greift Designphilosophien, geschichtliche Hintergründe, Theorien, Berufsfragen und technische Aspekte auf.

Zusammenfassend: die Professional Lighting Designers' Association ist eine relativ junge, von der Fachwelt anerkannte Organisation, die es als wichtige Aufgabe ansieht, der Gesellschaft die Bedeutung und die Zusammenhänge von Licht zu erläutern und dessen gezielte Verwendung zu fördern.

## The Professional Lighting Designers' Association

The Professional Lighting Designers' Association was founded in October 1994 as the European Lighting Designers' Association; the name was altered in spring 2007. It is a voluntary international union of light designers and light planners that aims to safeguard and improve the reputation of the light designing profession. The purpose of the association of lighting designers is to promote public awareness of high-quality light planning.

The Professional Lighting Designers' Association contributes to the support, planning and organisation of effective training programmes – which include study courses and seminars, as well as practical workshops. Now well-known, these workshops set out the problems and challenges of lighting design and underscore the skills and potentials of the light designer.

Over the years, the Professional Lighting Designers' Association has developed a recognised conference programme on the subject of light design and architectural lighting – "Light Focus". The conferences take place in Frankfurt/Main, Milan and Dubai, parallel to the relevant fairs. As a rule, the association's now more than 500 members from 50 different countries meet twice a year, when various working groups consider topics such as training, international development, professional ethics and innovations in light technology.

In order to advertise the association and the profession as a whole, the Professional Lighting Designers' Association has entered into partnership with the specialist international magazine *Professional Lighting Designers'*, *PLD*, which is published by VIA-Verlag. *PLD* is valued as a publication for architectural lighting by urban planners, building clients, architects, light designers, manufacturers, retailers and students. *PLD* includes pioneering trends and developments in the field of international light design and addresses matters such as design philosophies, historical backgrounds, theories, professional questions and technical aspects.

To sum up: the Professional Lighting Designers' Association is a relatively young, professionally-respected organisation, committed to demonstrating the social importance and contexts of light, and to promoting its meaningful implementation.

Projekte aus
Projects from Berlin

LichtVision

## Tageslicht  Kunstlicht  Visuelle Medien

Lichtplanung strebt nach einer Lichtgestaltung jenseits der reinen Beleuchtungsfunktion. Licht wird zum Zeichen und zur kulturellen Botschaft, es trägt zur Gestaltung von Räumen bei: ein Licht zum Sehen, zum Betrachten, zum Arbeiten, ein diskretes und zugleich starkes Licht im Dienste von Mensch und Architektur.

Das Zusammenspiel von Tageslicht, Kunstlicht und Visuellen Medien fordert einen sensiblen Umgang mit Kontrasten. Die ausgewählten Projekte thematisieren die Adaptation und die strukturierte Helligkeit und zeigen die Bandbreite und das Spektrum der Architekturen und Planungsprozesse. Ausgangspunkte der Planung sind dabei der Genius Loci und die Dynamik des Betrachters. Die lichttechnische Momentaufnahme stellt sich in Skizzen, Visualisierungen, Diagrammen und Bemusterungen dar – Planen ist ein Prozess.

Die Flick Collection definiert sich in der Reduktion der Formengestaltung auf einen Leuchtentyp, der seine Vielfältigkeit erst mit der flexiblen Lichtsteuerung und den unterschiedlichen Zubehörelementen entfalten kann. Die Vattenfall Medienfassade besteht aus elektrisch schaltbaren Spezialflachgläsern, die je nach Funktion tagsüber klar und für die Projektion in den Abendstunden diffus erscheinen. Die Realisierung basiert auf der Synchronisation der Projektionen mit einer spezifischen Postproduktion der Filme. Die Raffinesse der SchwabenGalerie hingegen entspringt der Kombination des architektonischen Details mit der Beleuchtung. Transluzente und massive Materialitäten werden über Tageslicht und Kunstlicht bespielt, die Strukturierung der räumlichen Tiefe belebt das Projekt.

Der Ort der Information im Denkmal der ermordeten Juden Europas ist bereits im Ausstellungskonzept durch das Stilmittel Licht geprägt. In den Ausstellungsräumen wird die oberirdisch angelegte Struktur zitiert und stellt eine enge Verbindung zur Ästhetik des Denkmals her. Licht dient hier als Vermittler von Inhalt und abstrakter Form. Eine andere Interpretation der Reduktion ist die Leuchtenentwicklung für die Villa Borsig, die eine Standardleuchte als Basiselement geometrisch kombiniert. Ähnlich einer Penrose-Parkettierung wird das mundgeblasene Glas als Freiform eingesetzt.

Durch die bewusste Gestaltung der Lichtführung zeichnet sich das Jüdische Zentrum in München aus. Die mehrschichtige Außenhaut der Synagoge filtert das Licht gezielt zu den typischen Zeiten der religiösen Zeremonien.

Die Möglichkeiten der Lichtplanung sind vielfältig, ihre Essenz ist der wahrhaftige Umgang mit dem Genius Loci und der Geschichte des Ortes sowie der Respekt vor der Architektur.

### Daylight, Artificial Light, Visual Media

Lighting design strives to provide far more than mere illumination. Light is used as a symbol and cultural message, contributing to the design of space: light by which to see, work or observe, a discrete yet powerful light in the service of mankind and architecture.

The interplay of daylight, artificial light and visual media calls for sensitive handling of contrasts. Our chosen projects thematise the adaptation and structuring of illumination and show the range and spectrum of architectures and planning processes involved. The genius loci and the dynamics of the observer's position represent the starting points of planning. Lighting technology is revealed in a snapshot made up of sketches, visualisations, diagrams and samplings – planning is a process.

In the Flick Collection, reduction to a single lamp-type defines the formal design. Flexible lighting control and differing optical accessories help to unfold its diversity. The Vattenfall Media Façade consists of special flat glazing that can be electrically switched; according to its function, it appears clear by day and diffuse for projections during the evenings. The realisation is based on the synchronisation of the projections through a specific post-production film processing. By contrast, the subtlety of the SchwabenGalerie originates from the combination of architectural details and lighting. Artificial light and daylight play over translucent and massive materials; the structuring of spatial depth lends vitality to the project.

The exhibition concept of the information centre in the Memorial for the Murdered Jews of Europe is already shaped by light as a stylistic means. The structure laid out above ground is cited in the exhibition areas, generating a close link to the aesthetics of the memorial itself. Here, light helps to convey content and abstract form. A different interpretation of reduction is shown in the lamps developed for Villa Borsig – the basic element is a standard lamp-type, which is combined geometrically. The blown glass is employed as a free form in a similar way to Penrose parquet flooring.

The Jewish Centre in Munich is characterised by careful control and integration of natural light. The multilayer exterior of the synagogue filters the light specifically according to the times of religious ceremonies.

Lighting design opens up endless possibilities, but it must be based on an honest attitude to history and the genius loci, as well as respect for architecture.

Medienfassade Vattenfall
**Projektion auf schaltbare Gläser**  Projection onto switchable
panels of glass

Friedrich Christian Flick Collection
Wandflutung

Wall washing

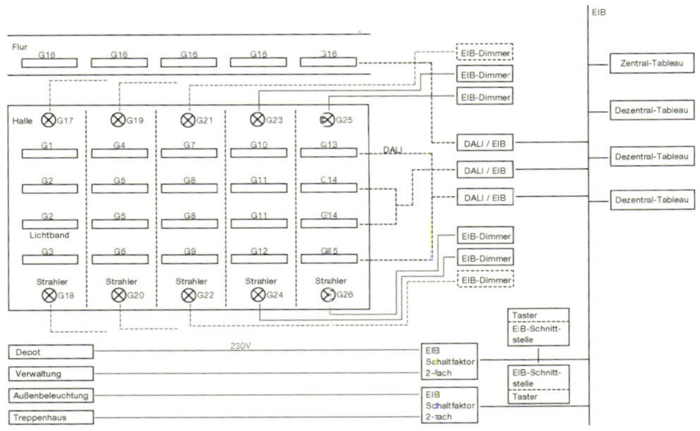


Friedrich Christian Flick Collection
Wechselausstellungshalle
mit DALI-Lichtsteuerung

Hall for changing exhibitions
with DALI lighting control

Marie-Curie-Gymnasium
Flure                     Corridors

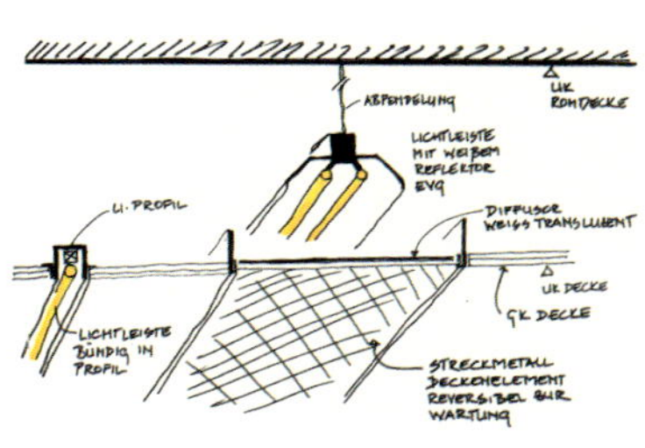

SchwabenGalerie
Integration          Integration of light elements
der Lichtelemente

Ort der Information im Denkmal
für die ermordeten Juden Europas
Elektrolumineszenzfolie
als Lichtquelle

Electroluminescent foil
as a source of light

Gästehaus Villa Borsig
Leuchtenentwicklung
aus einem Standardleuchtenmodul

Fitting developed from a standard lamp module

Synagoge im Jüdischen Zentrum
Lichtatmosphären
mittels Tageslichteintrag

Atmospheres created by a con-
trolled use of daylight

LichtVision ist erfahrener Partner von Architekten, Bauherren und Industrie für alle Themen rund um die Lichtplanung und -gestaltung. Einer der Schwerpunkte unserer planerischen Arbeit ist die Integration von Tages- und Kunstlicht in stimmige Gesamtkonzeptionen. LichtVision ist mit den dafür notwendigen Technologien bestens vertraut, setzt sie kreativ ein und entwickelt sie bei Bedarf projektspezifisch. Die vier Gesellschafter Dr. Karsten Ehling, Raoul Hesse, Dr. Thomas Müller und Carla Wilkins sind seit der Gründung von LichtVision 1997 in Berlin in der Geschäftsleitung des Unternehmens tätig.

LichtVision is an independent consultancy for architects, investors and manufacturers in all aspects of lighting design and technology. The staff of designers, architects and engineers provide a broad range of design services, including artificial lighting consultation, daylight integration, lighting controls specification and customisation, visual media design and custom light fitting development. Four founding partners – Dr. Karsten Ehling, Raoul Hesse, Dr. Thomas Mueller and Carla Wilkins – continue to manage the firm, directing a staff of talented experts from diverse backgrounds since 1997.

**Projekte** Projects

1999 Medienfassade Vattenfall, Berlin
mit with Kny+Weber Architekten
für for Vattenfall ehem. formerly VEAG
(Vereinigten Energiewerke AG)

2004 Friedrich Christian Flick Collection in den Rieckhallen, Berlin
mit with Kühn Malvezzi Architekten
für die Staatlichen Museen Berlin for the State Museums of Berlin

2005 Marie-Curie-Gymnasium in Dallgow-Döberitz
mit with Grüntuch Ernst Architekten
für den Landkreis for the Rural District of Havelland

2003 Schwabengalerie, Stuttgart-Vaihingen
mit with Lèon Wohlhage Wernik Architekten
für die for Häussler Baumanagement GmbH

2005 Ort der Information Information Centre, Berlin
mit with Dagmar von Wilcken und and Franke Architekten
für die Stiftung Denkmal für die ermordeten Juden Europas

2005 Gästehaus Guest House Villa Borsig, Berlin
mit with ELW Weitz+Sting Architekten und and Galerie Weinand
für das Bundesamt für Bauwesen und Raumordnung
for The Federal Offices for Building and Land Use

2007 Jüdisches Zentrum am Jewish Centre on Jakobplatz, München Munich
mit with Wandel Hoefer Lorch Architekten
für die Israelitische Kultusgemeinde München
for the Israeli Cultural Community Munich

L-Plan Lichtplanung

**„Oberflächen kann man sehen, während man Tiefen deuten muss!"**
Ken Wilber


Architektur bekommt erst durch die Beleuchtung eine individuelle Ausstrahlung. Wir planen Kunst- und Tageslicht und berücksichtigen die gestalte-
rischen und funktionalen Aspekte in einem ganzheitlichen Konzept. Unsere
Planung bringt Innen- und Außenraum in Einklang, sie inszeniert Architektur.
Wir achten auf ergonomische Qualität und integrieren sinnvolle ökonomische
und ökologische Ziele.

Der Post Tower in Bonn ist die Zentrale des größten europäischen Logistik-
Konzerns. Die Lichtplanung bringt die Ansprüche an die Innenbeleuchtung
und das äußere Erscheinungsbild in Einklang. Zusammen mit der Tageslicht-
planung ergibt sich ein hoch ergonomisches System. Über die farbige und
dynamisch ansteuerbare Fassade erhält das Gebäude nachts eine beeindru-
ckende Außenwirkung.

Die Lichtplanung für den Neubau der Ärztekammer Berlin erforderte die Entwicklung einer Leuchte, deren direktes weißes Licht die Arbeitsplatzbeleuch-
tung sicherstellt, während indirektes farbiges Licht die Atmosphäre im Raum
bestimmt. Jeder Mitarbeiter kann seine persönliche Lichtfarbe oder einen
dynamischen Farbwechsel individuell einstellen. Abends prägt das Gebäude
mit seiner unverwechselbaren Ausstrahlung den Stadtraum.

Die Konstruktionen aus Glas und Stahl für den Neubau zur Erweiterung der
Konzernzentrale der Mannheimer Versicherung wirken offen und hell. Die
Leuchten sind so in die Architektur integriert, dass sie zur Schlankheit des
Gebäudes beitragen. Nachts erstrahlt es neben dem Altbau elegant und
leicht.

In Pforzheim, einem Zentrum der Schmuckindustrie, liegen die „Schmuckwelten" der Sparkasse Pforzheim Calw. Der auch wegen seiner Lichtgestaltung populäre Gebäudekomplex beherbergt Büros, Geschäfte und ein Museum. Die hinterleuchteten Glasflächen vermitteln neben hoher Wertigkeit ein
neuartiges Raumgefühl.

Der 85 Jahre alte Kuhstall 7 OF, St. Charles, in Illinois/USA, beeindruckt durch
seine klare und offene Architektur. Seit dem Umbau zu Wohn-, Arbeits- und
Erholungsbereichen schafft ein Lichtkonzept durch das Spiel mit Kunst- und
Tageslicht eine neue Qualität der Räume. Der Tageslichteinfall macht den
Rhythmus von Tages- und Jahreszeiten im Gebäude erlebbar.

LUGH® ist ein interdisziplinäres Netzwerk, entstanden aus dem Projekt der
Ärztekammer Berlin. Die Partner widmen sich dem Einsatz von farbigem,
künstlichem Licht im Hinblick auf Gesundheit und Umwelt. Sie sorgen sich
um dessen Einsatz nach den jeweils neuesten Erkenntnissen aus der For-
schung und entwickeln Leuchten und Lichtlösungen, die über eine schlichte
Verbuntung der Welt hinausgehen.

**"Surfaces can be seen, but depth must be interpreted!"**
Ken Wilber

Architecture only develops an individual aura through lighting. We plan artificial light and daylight, taking design and functional aspects into account to create an integral concept. Our planning brings harmony to interior and exterior space, staging architecture. We pay attention to ergonomic quality and integrate purposeful economic and ecological aims.

The Post Tower in Bonn is the headquarters of the biggest logistics company in Europe. Here, the light planning balances out the demands made on interior lighting and external appearance. The planning of natural daylight helps to evolve a highly ergonomic system. At night, the dynamically controllable colours of the façade lend an impressive impact to the exterior.

Light planning for the new building of the Medical Association Berlin required the development of a lamp that emitted direct white light – ensuring that workplaces are bright enough – while providing indirect coloured light to define the overall atmosphere of the rooms. Every employee can set his own personal light colour or a dynamic interplay of colours. In the evening, the building with its unmistakable aura has become a striking feature of the district.

The glass and steel construction for the extension of the Mannheim Insurance Group headquarters conveys a bright, open impression. Lamps have been integrated into the architecture so as to contribute to the building's slender outline. At night, it radiates elegance and airiness alongside the old building.

The "World of Jewellery" belonging to the Sparkasse Pforzheim Calw are situated in Pforzheim, a centre of the jewellery industry. Popular not least for its lighting design, the building complex houses offices, shops and a museum. The back-lit areas of glass convey a unique sense of space as well as great value.

The architecture of the 85-year-old cow barn at 7 OF, St. Charles, in Illinois/ USA is clear and open. Since its conversion into living, working and leisure areas, a light concept playing with natural and artificial light has given the rooms a new quality. Daylight falls into the rooms in a way that enables one to experience the rhythm of the days and seasons from inside the building.

LUGH® is as interdisciplinary network that emerged from the lighting project for the Medical Association Building in Berlin. The partners are dedicated to the use of coloured artificial light with a view to health and the environment. On the basis of the latest research, they develop luminaires and concepts that do more than just illuminate the world in bright colours.

Ärztekammer, Berlin
Individuelle Bürobeleuchtung
und Außenwirkung

Medical Society, Berlin
Individual office lighting
and effect from the outside

Post Tower, Bonn
Tageslicht
und Nachtbeleuchtung

Daylight and night time image

Post Tower, Bonn
Eingangshalle im Erdgeschoss: Ground floor lobby:
Tag und Nacht day and night

M-2
Mannheimer Versicherung
Hauptsitz
Standardtreppe/-büro    Standard staircase/office

M-2
**Innenraum – Außenraum**  Interior – exterior

„Schmuckwelten" Pforzheim
Einkaufspassage

"World of Jewellery", Pforzheim
Shopping mall

„Schmuckwelten" Pforzheim
Galerie „Kunstraum"

"World of Jewellery", Pforzheim
Jewellery-gallery

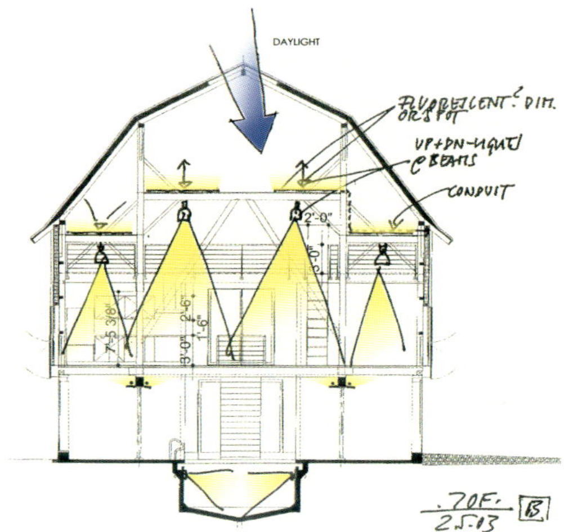


7 Oaks Farm, Studio, St. Charles, USA
Tag- und Nachtbeleuchtung          Daylight and artificial light
Entwurfsskizze                     sketch

Prof. Michael F. Rohde MSc, Architekt, PLDA, IALD

1998  L-Plan Lichtplanung wird von  Michael F. Rohde in Berlin gegründet
2003  Gründung von LUGH, Licht Umwelt und GesundHeit,
      Michael F. Rohde und Thomas Braedikow
2006  wird Herbert Cybulska, PLDA, Partner von L-Plan Lichtplanung

1998  L-Plan light planning office founded in Berlin by Michael F. Rohde
2003  Foundation of LUGH (Light, Environment and Health),
      Michael F. Rohde and Thomas Braedikow
2006  Herbert Cybulska joins as new partner.

Projekte  Projects

2004  Ärztekammer Berlin Headquarters of the Medical Association
      Bauherr Client: Ärztekammer Berlin
      Architekt Architect: Prof. Hascher & Prof. Jehle, Berlin
2003  Post Tower, Bonn German Post Office
      Bauherr Client: Deutsche Post
      Architekt Architect: Murphy/Jahn Architects, Chicago – Berlin, USA
      Lichtkunst Light Art: AIK, Paris, F
2005  M-2, Mannheim
      Bauherr Client: Mannheimer Versicherung
      Architekt Architect: Murphy/Jahn Architects, Chicago – Berlin, USA
2005  „Schmuckwelten" Pforzheim
      Bauherr Client: Sparkasse Pforzheim Calw
      Architekt Architect: Peter W. Schmidt, Pforzheim,
      Archis, Karlsruhe
      Lichtkunst Light Art: AIK, Paris, F
2005  7 Oaks Farm, St. Charles, Illinois, USA
      Architekt Architect: Murphy/Jahn Architects, Chicago – Berlin, USA

studio dinnebier

## Licht und Architektur

Licht zu einem integralen Bestandteil eines Projektes zu machen, ist eine Aufgabe, für die ein Lichtplaner ein gutes Verständnis der Architektur braucht. Sie erfordert die enge Zusammenarbeit mit dem Architekten und die intensive Auseinandersetzung mit dem Geplanten, nicht nur mittels Skizzen, Animationen und Berechnungen, sondern auch über Versuche und Modelle. Daraus entsteht – neben guter Lichtqualität – oft ein präzises architektonisches Detail oder ein Industriedesignprodukt. Die vorgestellten Projekte zeigen, wie verschieden die Aufgaben sind, für die angemessene Lösungen gefunden werden müssen.

Für den Lichthof der Technischen Universität Berlin wurde zusammen mit den Architekten Pitz und Hoh ein großer Mittelleuchter entworfen und in die wiederhergestellte Glasüberdachung integriert. Als Ersatz für den zerstörten historischen Holzfries wurde ein leichtes, lasergeschnittenes Edelstahlfries entwickelt, das als Reflektor dient und gleichzeitig Tageslicht durchlässt. Die Hauptaufgabe war hier die zurückhaltende Einfügung neuer Elemente in den historischen Kontext.

Die Fassadenbeleuchtung des Technikmuseums in Berlin ist eine auf Außenwirkung orientierte Anlage, die den für die Ausstellung notwendigen Blendschutz als großflächige Werbeanlage nutzt. Durch das farbige LED-Licht werden die verschiedenen Motive auf der Rückseite der Verdunklungsgaze sichtbar. Wie bei der Übertragung in Glasfaserkabeln dient das farbige Licht der Separierung von sich überlagernden Informationen.

Für die Beleuchtung der Ausstellungsobjekte und der Architektur im Phaeno in Wolfsburg wurde ein zurückhaltender, flexibel einsetzbarer Strahler entwickelt, der der aufregenden Architektur keine Konkurrenz macht und die Anforderungen der Ausstellung und der Architekturbeleuchtung erfüllt. Der Strahler wurde zu einem Serienprodukt entwickelt und für sein innovatives Design ausgezeichnet.

Im Danfoss Universe bot sich die Chance, zusammen mit dem Büro Kunstraum aus Hamburg ganze Räume der Ausstellung über Naturgewalten mit Licht zu gestalten. In dem „Gletscher" wurde durch das leuchtende Eis eine fast magische Atmosphäre geschaffen. Zu diesem Zweck wurden 23 Kilometer Kunststofflichtleiter eingefroren.

Die Galerie für zeitgenössische Kunst in Leipzig (AS-IF Architekten) erhielt mit den schwebenden Leuchtstoffröhren eine prägende Beleuchtung: Die Röhren können als durchgängige Linie Räume verbinden, wandbegleitend beleuchten oder frei im Raum ausgerichtet werden. Damit geht die Lichtplanung auf das der Galerie zugrunde liegende Konzept der flexiblen Architektur ein.

**Light and Architecture**

To make light into an integral component of a project, light planners must have a good understanding of architecture. It calls for close collaboration with the architect and concentrated study of what is planned, using not only sketches, animations and calculations, but also experimentation and models. The outcome – as well as high quality lighting – is often a precise architectonic detail, or a product of industrial design. The projects presented demonstrate the wide-range of tasks for which suitable solutions must be found.

A large central flambeaux for the inner courtyard of the Technical University Berlin was designed in collaboration with the architects Pitz und Hoh and integrated into the reconstructed glass roof. In order to replace the destroyed historical wooden frieze, a light, laser-cut stainless steel frieze, was developed; it functions as a reflector, but also lets daylight through. Here, the main task was the cautious integration of new elements into the historical context.

The lighting for the façade of the Museum of Technology in Berlin is oriented on external effect, employing the glare shield necessary for the exhibit as a large-format advertising area. The use of coloured LED-light makes the various motifs on the reverse of the dimming gauze visible. As in transmission through fibre optic cables, the coloured light serves to separate overlapping levels of information.

A discreet, flexibly usable spotlight was developed to illuminate the exhibition objects and architecture in the Phaeno, Wolfsburg. It does not compete with the exciting architecture and fulfils the demands of the exhibition and the architectural lighting. The spotlight was developed into a series product and received an award for its innovative design.

In Danfoss Universe – in collaboration with the office Kunstraum from Hamburg –, we were given an opportunity to design complete rooms of an exhibition about the forces of nature using light. An almost magical atmosphere was created by the luminous ice of the "glacier". 23 kilometres of plastic light conductors were frozen to create it.

Distinctive lighting was provided for the Gallery for Contemporary Art in Leipzig (AS-IF Architects) with floating fluorescent tubes: the tubes can connect rooms as a continuous line, provide light running along the walls, or be arranged freely in the space. The light planning thus corresponds to the concept of flexible architecture upon which the gallery is based.

Technische Universität Berlin
Lichthof
Glass-roofed inner courtyard

Danfoss Universe
Leuchtender Gletscher    Luminous glacier

Danfoss Universe
oben: Verlegung Lichtleitfasern
und Einfrierprozess
unten:
Licht- und Einfrierversuch

top: Laying the light-conducting fibres
and the freezing process
bottom:
Light and freezing experiment

Deutsches Technikmuseum
Berlin
Aussenansicht          Exterior view

T SERVICE

Phaeno Science Center
Innenansicht Interieur view

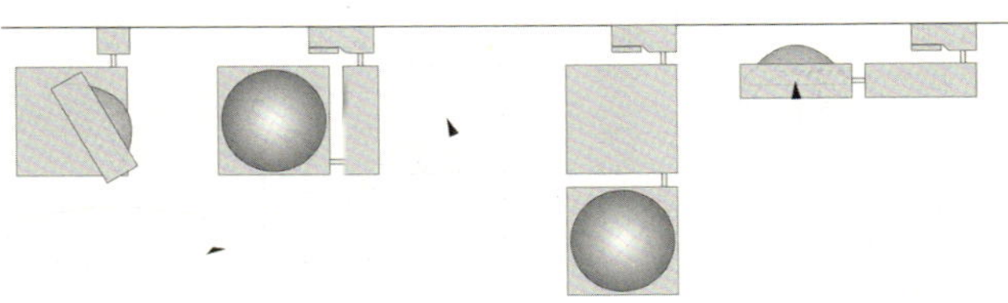

Phaeno Science Center
oben:                      top:
Aussenansicht              Exterior view
unten:                     bottom:
Leuchte „EverySquare"      Fixture "EverySquare"

Galerie für zeitgenössische Kunst GfZK
Leipzig                                    Interior views
Innenansichten

studio dinnebier wurde 1998 durch Jan Dinnebier gegründet, nachdem er als
Architekt im Studio von Daniel Libeskind und im Lichtplanungsbüro seines
Vaters gearbeitet hatte. Jan Blieske, ebenfalls Architekt, begann 2004 seine
Arbeit für das Studio. Seit 2007 ist er Partner von studio dinnebier.
Das Hauptinteresse des Studios liegt in der konzeptionellen Beziehung zwi-
schen Licht und Raum aus dem Blickwirkel von Architekten.
studio dinnebier arbeitet mit ambitionierten Architekten und Ausstellungs-
planern zusammen, u.a. mit Daniel Libeskind, Foster+Partners, Tabanlioglu
Architects und Sunder-Plassmann Architekten. Ein weiteres Tätigkeitsfeld ist
die Entwicklung neuer Produktlösungen für Leuchten. Das jüngste Produkt
„EverySquare" wurde 2006 mit dem red dot design award ausgezeichnet.
studio dinnebier was founded by Jan Dinnebier in 1998, after he had worked
as an architect in the studio of Daniel Libeskind, and in his father's light
planning office. Jan Blieske, also an architect, began working for the studio
in 2004. He has been a partner at studio dinnebier since 2007.
The studio's key interest is in conceptual relations between light and space
from the architect's point of view.
studio dinnebier works in collaboration with ambitious architects and exhibition planners, for example Daniel Libeskind, Foster+Partners, Tabanlioglu
Architects and Sunder-Plassmann Architects. Another field of activity is the
development of new product solutions for lighting. The most recent product,
"EverySquare", won the red dot design award in 2006.

Projekte  Projects

2004    TU Lichthof TU, glass-roofed inner courtyard
        Bauherr Client: Technische Universität Berlin
        Architekt Architect: Pitz und Hoh, Werkstatt für Architektur, Berlin
2005    Danfoss Universe
        Bauherr Client: Danfoss Museum A/S
        Ausstellungsplanung Exhibtion Planning: Kunstraum, Hamburg
2004    Deutsches Technikmuseum Berlin – Fassade
        German Museum of Technology, Berlin – Façade
        Bauherr Client: Deutsches Technikmuseum German Museum of Technology, Berlin
        Architekt Architect: Pitz und Hoh, Werkstatt für Architektur, Berlin
2005    Phaeno Science Center – Ausstellung Exhibition
        Bauherr Client: Stadt City of Wolfsburg
        Architekt Architect: Zaha Hadid
        Ausstellungsplanung Exhibition Design: Ansel Inc.
2004    GfZK Galerie für Zeitgenössische Kunst Leipzig
        Bauherr Client: GfZK Galerie für Zeitgenössische Kunst
        Gallery for Contemporary Art, Leipzig
        Architekt Architect: AS-IF Architekten

100 Jahre Years Deutscher Werkbund

Fotos Photographs      Linus Lintner 15, 21; Ulrich Schwarz 16, 17; Werner Huthmacher 18
Christian Richters 19; Lepkowski Studios 20; Roland Halbe 22
Heinrich Hermes 27; Dirk Altenkirch 28–33; Helmut Jahn 34
Torsten Seidel 39, 42, 43; Hans Scherhaufer 40; studio dinnebier 41, 45
Christian Gahl 44, 45 oben; Wolfgang Thaler 46
Zeichnungen Drawings    LichtVision 15, 18–22; Helmut Jahn 34; studio dinnebier 45

Herausgeber Edited by    Deutscher Werkbund Berlin e.V., Goethestraße 13, 10623 Berlin
Redaktion Editing    Angelika Günter, Philipp Sperrle
Übersetzung Translation    Lucinda Rennison, Berlin
Gestaltung Design    Ott + Stein, Nicolaus Ott
Schrift Typeface    Neue Helvetica, Papier Paper: 170g, Profisilk, Igepea
Herstellung Printing    Reiter-Druck, Berlin

Bibliografische Information Der Deutschen Bibliothek
Die Deutsche Bibliothek verzeichnet diese Publikation in der Deutschen Nationalbibliografie;
detaillierte bibliografische Daten sind im Internet über http://dnb.ddb.de abrufbar.

jovis Verlag
Kurfürstenstraße 15/16
10785 Berlin
www.jovis.de
ISBN 978-3-939633-15-0

Die Realisierung des Ausstellungskataloges
wurde ermöglicht durch die freundliche Unterstützung von:
The publication of this exhibition catalog
was made possible through the friendly support of: